まちごとインド

West India 007 Bikaner
ビカネール
薔薇色に輝く「オアシス都市」
बीकानेर

Asia City Guide Production

【白地図】ラジャスタン州

INDIA
西インド

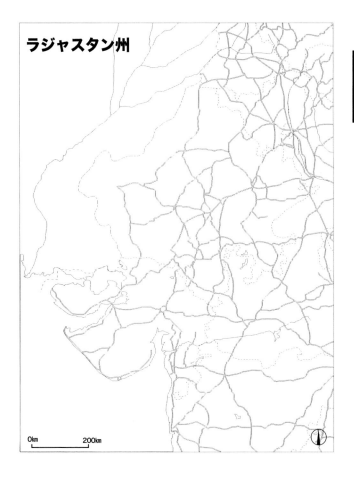

【白地図】ビカネール

INDIA
西インド

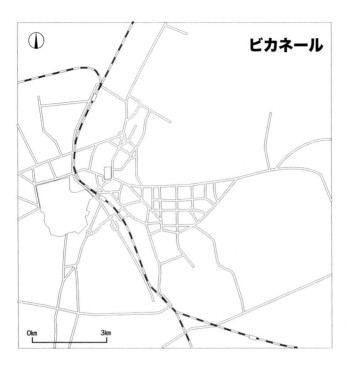

【白地図】ビカネール旧市街

INDIA
西インド

【白地図】ジュナガールフォート

INDIA
西インド

【白地図】ビカネール新市街

INDIA
西インド

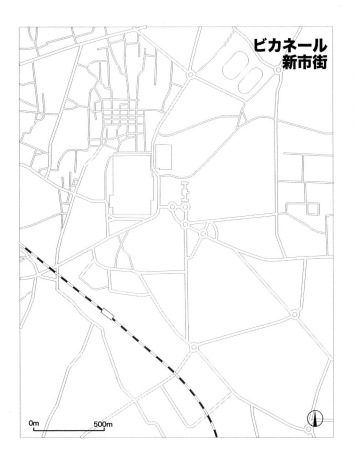

ビカネール 新市街

Bikaner 白地図

【白地図】ビカネール郊外

INDIA
西インド

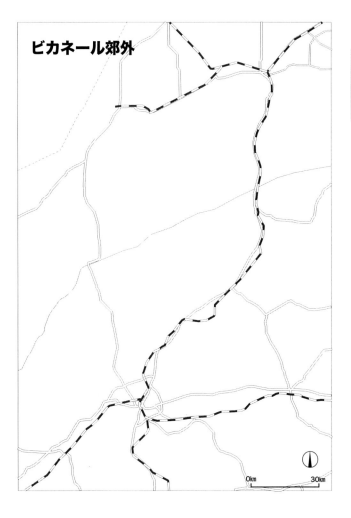

【白地図】カーリーバンガン

INDIA
西インド

【まちごとインド】
西インド 001 はじめてのラジャスタン
西インド 002 ジャイプル
西インド 003 ジョードプル
西インド 004 ジャイサルメール
西インド 005 ウダイプル
西インド 006 アジメール（プシュカル）
西インド 007 ビカネール
西インド 008 シェカワティ

INDIA
西インド

ラジャスタン州北部、街のすぐ外に砂漠が広がるビカネール。デリーとインダス川下流域、ラホールとグジャラートのちょうど十字路にあたり、砂漠のなかのオアシス都市として発展してきた。

ビカネールの歴史は、1488年、ラオ・ビーカ（1465〜1504年）が本家ジョードプルから独立し、この地でビカネール王国を築いたことにはじまる。ムガル帝国やイギリスの宗主権を認めながらも、ラートール・ラージプートの血を受け継ぐビカネール王による統治が500年に渡って続いた。

बीकानेर
Bikaner ビカネール

　オアシス都市という性格から、穀物、工芸品や絨毯、革製品がバザールにならび、タール砂漠を往来するラクダの隊商の姿があった。現在もビカネール王国の繁栄を伝える旧市街、マハラジャの宮殿ジュナガール・フォートなどが残っている。

【まちごとインド】
西インド 007 ビカネール

INDIA
西インド

目次

ビカネール	xvi
国境地帯に吹く砂塵の風	xxii
旧市街城市案内	xxxi
フォート鑑賞案内	xli
砂漠の王と王族のたしなみ	xlvii
新市街城市案内	lii
郊外城市案内	lxiii
砂に洗われた遠い記憶	lxxv

【MEMO】

Bikaner ビカネール

【地図】ラジャスタン州

INDIA
西インド

国境地帯に吹く砂塵の風

INDIA
西インド

ビカネールは15世紀末
ラオ・ビーカによって築かれた
渇いた砂漠が周囲に広がる

ビカネールのかんたんな歴史

1488年、ジョードプル出身のラージプート王族ラオ・ビーカによって建国されたビカネール王国（ラオ・ビーカは1459年、ジョードプルを築いたラオ・ジョーダ王の子で、当初は衛星国という性格だった）。当時、この砂漠地帯はジャンガルデシュと呼ばれ、ジャート族が半遊牧、半農耕生活を送っていたが、「額につける聖なるチーカを、後継者たちもつけてよい」という条件で、ラージプートを支配者として認めた。以後、ムガル帝国（16〜18世紀）、イギリス（19〜20世紀）統治時代を通じて、マハラジャは高い地位を築き、

Bikaner 国境地帯に吹く砂塵の風

ビカネールはビカネール王国（藩王国）の都となっていた。1947年の印パ分離独立にあたって、ジャイプル、ジョードプル、ウダイプルなどとともにラジャスタン州に編入されて今にいたる。ビカネールは砂漠に立地することから、周囲の影響を受けることが少なく、中世以来の街並みや伝統をよく残しているという。

ラジャスタンの砂漠化と灌漑

ラジャスタン州北部は、インダス文明が栄えるなど湿潤気候だったが、やがて時間をかけて砂漠化していった（紀元前

INDIA
西インド

2000〜前1500年にはじまった乾燥化がインダス文明の滅亡要因のひとつにあげられる)。砂漠という環境が影響し、同じラジャスタン州でもビカネール、ジョードプル、ジャイサルメールといったアラワリ山脈以西の砂漠地帯と、ジャイプル、ウダイプルなどの湿潤地帯では人の性格や価値観が大きく異るという。ビカネールでは、インダス川に注ぐサトレジ川の水をひいて灌漑する試みがビカネール藩王国時代から行なわれ、現在、ビカネール北部からジャイサルメールにいたる人工のインディラ・ガンディー運河を使った緑化運動も進められている。

▲左　ビカネールで食べたラジャスタン料理。　▲右　堂々としたたたずまいのジュナガール・フォート

ビカネールのラートール・ラージプート氏族

ラージプート諸国の一角を構成するビカネールは、本家のジョードプル、ジャイプル、ウダイプルに準ずる格式をもつ（ラージプート諸国は、血縁氏族単位で大小の諸国をつくり、ジャイプルはカチワハ氏族、ウダイプルはシソーディヤ氏族、ジョードプルとビカネールはラートール氏族による街）。1921年に発足した全インド・マハラジャ協議会で、ビカネールのマハラジャ・ガンガ・シングが幹事長に選ばれたり、第一次大戦の講和会議にインド代表で出席するなど、多くのマハラジャのなかでも指導的な立場にあった。

INDIA
西インド

▲左　バザールで出合った子ども。　▲右　金銀細工をちりばめたマハラジャの宮殿

ビカネールの構成

ビカネールの街は、鉄道駅と線路をはさんで南西の旧市街、北東の新市街からなる。旧市街は15世紀に建設されたもので、城壁に囲まれた古い街区を残している。この旧市街にあった宮殿が手狭になったことから、16世紀に旧市街から離れた北東にジュナガール・フォートが建てられ、20世紀以降、こちら側の新市街も発展した。またパキスタンとの国境まで100kmほどの距離で、国境をはさんでバハーワルプル、ムルタンといった街と対峙する。パキスタン側のハラッパ、ビカネール北のカーリーバンガンなど近くにインダス文明の遺構が残ることでも知られる。

【MEMO】

Bikaner 国境地帯に吹く砂塵の風

【地図】ビカネール

【地図】ビカネールの [★★★]
- [ ] ジュナガール・フォート Junagarh Fort

【地図】ビカネールの [★★☆]
- [ ] 旧市街 Old Bikaner
- [ ] バンダセル・ジャイナ寺院 Bhandaser Jain Temple
- [ ] デーヴィー・クンド Royal Cenotaphs at Devi Kund Sagar

【地図】ビカネールの [★☆☆]
- [ ] ガンガ・ゴールデン・ジュビリー博物館 Ganga Golden Jubilee Museum
- [ ] ラルガル・パレス Lalgarh Palace
- [ ] シヴァ・バリ寺院 Shiv Bari Mandir
- [ ] キャメル・ファーム National Research Centre on Camel

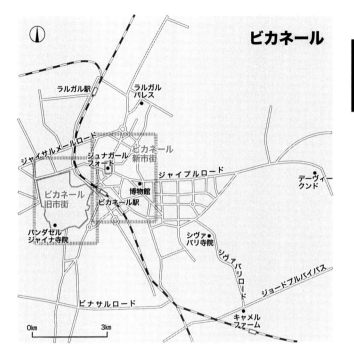

Guide, Old Bikaner
旧市街 城市案内

複雑に路地が走るビカネールの旧市街
贅を尽くした邸宅ハーヴェリーや
商人の街らしくジャイナ教寺院も残る

पुरानी बीकानेर ; 旧市街 Old Bikaner ［★★☆］

赤砂岩の城壁をめぐらせ、細い路地が迷路のように走るビカネール旧市街。この旧市街にはジャイナ教寺院、400年もの歴史をもつ商人の邸宅ハーヴェリーが残り、人、動物、リキシャが行き交う。不整形な土地を囲む城壁の長さは7km、5つの城門が備わっていた。

कोटे गेट ; コテ門 Kote Gate ［★☆☆］

ビカネール旧市街北東に立つコテ門。近くでとれる赤砂岩で建てられ、上部にはチャトリを載せる。新市街と旧市街を結

INDIA
西インド

▲左　見事な装飾が見られるランプリア・ハーヴェリー。　▲右　街歩きの起点となるコテ門

ぶ地点にあり、露店が出て、人の往来も多い。

रामपुरिया हवेलिया ; ランプリア・ハーヴェリー
Rampuria Group of Havelies [★★☆]

旧市街の一角、通りをはさんで両脇に残る邸宅ランプリア・ハーヴェリー。15世紀、この地に拠点を構えた豪商バルジー・チャブラによって建てられ、ラジャスタンを代表するハーヴェリーのひとつと知られる（ハーヴェリーはペルシャ起源の邸宅）。赤砂岩製の建物は幾度も改修され、庇や窓枠には職人による見事な装飾がほどこされている。

【MEMO】

【地図】ビカネール旧市街

【地図】ビカネール旧市街の ［★★☆］
- ☐ 旧市街 Old Bikaner
- ☐ ランプリア・ハーヴェリー Rampuria Group of Havelies
- ☐ バンダセル・ジャイナ寺院 Bhandaser Jain Temple

【地図】ビカネール旧市街の ［★☆☆］
- ☐ コテ門 Kote Gate
- ☐ ラクシュミナート寺院 Laxmi Nath Mandir

INDIA
西インド

旧市街に残るハーヴェリー群

交易で栄えたオアシス都市ビカネールには、商人が拠点をおき、商売で得た富を邸宅ハーヴェリーにつぎこんだ。ランプリア・ハーヴェリーのほか、モフタ・チョウクのリキジ・バグリ・ハーヴェリー、ダガ・チョウクのバイロンダン・コタリが知られ、孔雀や像などの装飾、美しい彫刻で彩られた玄関や窓枠が残っている。20世紀初頭にマハラジャの客人としてビカネールに迎えられた探検家スタインは「伝統的な造りの立派な家々は、赤い砂岩に贅をこらした彫りものがほどこされた正面を持つ、なかなか見ごたえのするものでした」と記している。

▲左　旧市街南部に立つバンダセル・ジャイナ寺院。　▲右　寺院内部は極彩色の絵画と彫刻で彩られている

भंदसेर जैन मंदिर；
バンダセル・ジャイナ寺院 Bhandaser Jain Temple［★★☆］

旧市街南西部の丘陵に立つバンダセル・ジャイナ寺院。紀元前5世紀ごろのインドで生まれたジャイナ教は厳格な教義で知られ、この寺院は第5代祖師スマーティナートに捧げられている（開祖マハーヴィラ以前に23人の祖師がいるという）。砂漠を通じた交易都市のビカネールはとくにジャイナ教徒の多い街で、白亜のシカラ屋根をもつ寺院は15世紀の創建と伝えられる。黄色や緑、赤などで彩色された草花、王族のフレスコ画、ミラーワークなど色鮮やかな装飾が寺院内部を彩る。

INDIA
西インド

西インドとジャイナ教

教団と在家信者のつながりが強いことなどから、2500年のあいだ途絶えることなく続いてきたジャイナ教（インド仏教は中世に一度滅亡している）。とくに10〜13世紀、王朝（ソーランキー朝）の保護を受け、学者ヘーマチャンドラが出たことから、グジャラートを中心とした西インドで強い影響をもつようになった。禁酒や不殺生など禁欲的な教義で知られ、「虫を殺す可能性のある農耕」を避けたため、多くのジャイナ教徒が商人となり、ビカネール、ジャイサルメールといった交易都市を拠点とした。ビカネールのジャイナ教徒は、エ

芸品や物産の売買から、宝石商、両替、金融業まで手広く事業を手がけてきた。

लक्ष्मी नाथ मंदिर；
ラクシュミナート寺院 Laxmi Nath Mandir ［★☆☆］

ジャイナ教寺院のちょうど裏側に隣接して立つラクシュミナート寺院。1540年に建てられたヴィシュヌ派寺院で、ヒンドゥー教徒が巡礼に訪れている。白色の巨大なシカラ屋根をもつ北インドの寺院様式となっている。

Guide, Junagarh Fort
フォート鑑賞案内

かつてマハラジャの暮らした
巨大なジュナガール・フォート
ラジャスタンを代表する城塞宮殿

जूनागढ़ किला ;
ジュナガール・フォート Junagarh Fort [★★★]

1594年に建てられ、代々、ビカネール王族の起居した宮殿が残るジュナガール・フォート。赤と黄色の砂岩を素材とする城塞は堅牢な城壁をめぐらせ、一般謁見の間にあたるカラン・マハル、金箔で彩られたアヌップ・マハル、王族の信仰を受けたヒンドゥー寺院ハル・マンディルといった宮殿や寺院が連続する（時代を追うごとに宮殿が整備されていった）。ムガル帝国第3代アクバル帝は、ビカネール王と親しい関係をもったことから、ムガル建築とラージプート建築が融合し、

▲左　ビカネールの顔とも言えるジュナガール・フォートのスーラジ門。
▲右　数人がすれ違うことのできるだけの細い坂道を通って宮殿にいたる

壁面、柱、窓枠まで手のこんだ装飾が見られる。内部は博物館となっていて、マハラジャの調度品、武具、細密画などが展示されている。

堅牢な城塞ジュナガール・フォート

明快な左右対称プランをもつイスラム建築に対して、ラジャスタン建築は宮殿が複雑にいり組んだ構造をもつ。朝日の差しこむ東の方角に正門を構えるのが一般的で、ジュナガール・フォート東側のスーラジ門は「太陽門」を意味する。太陽門からなかに入ると、外敵の侵入を防ぐため、幾重にも門が連

【MEMO】

【地図】ジュナガールフォート

【地図】ジュナガールフォートの [★★★]
- [ ] ジュナガール・フォート Junagarh Fort

【地図】ジュナガールフォートの [★★☆]
- [ ] カラン・マハル Karan Mahal

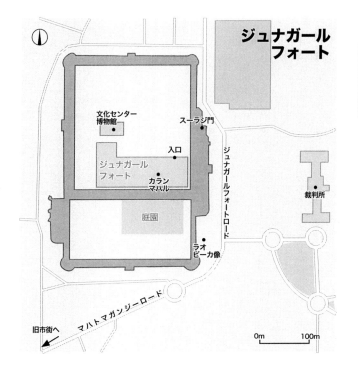

なる。とくにマハラジャが人々に謁見するカラン・マハルへ続く坂道は、きわめて細い幅になっていて一度に敵が押し寄せることができないようにする工夫が見られる。

▲左　ヒンドゥー教の神さま、クリシュナ神。　▲右　マハラジャが人々と謁見したカラン・マハル

करण महल；カラン・マハル Karan Mahal [★★☆]

マハラジャが人々に謁見する場だったカラン・マハル。1680年、マハラジャ・アヌップ・シングによって建てられ、中庭の周囲に建物が配されている。ムガル宮廷から多くの芸術家が庇護を求めてビカネールへやってきたこともあって、ラージプートとムガルが融合した様式をもつ（白大理石や赤砂岩の素材が使われ、隅の垂れさがった屋根も見える）。カラン・マハルという名前は、ムガル帝国アウラングゼーブ帝の命にそむいてインダス川を渡らず、1669年になくなったマハラジャ・アヌップ・シングの父カラン・シングに由来する。

砂漠の王と王族のたしなみ

ビカネールのマハラジャは
誇り高きラージプートの末裔
文化や芸術の保護でも知られた

インダス川を渡らなかったマハラジャ

16世紀、ムガル帝国が成立するとラージプート諸国はムガルと婚姻関係を結び、その宗主権を認めて帝国内で高い地位と半独立状態をたもっていた。第5代シャー・ジャハーン帝の時代まではヒンドゥー教とイスラム教の融和策がとられていたものの、第6代アウラングゼーブ帝はイスラム教至上主義に傾斜していった。ヒンドゥー教では、古くからインダス川はインド世界とその他の世界をわける境界とされ、そこを渡った人はカースト剥奪に値した。こうしたなか1666年、ビカネール王カラン・シングはインダス川を越えてのイラン

INDIA
西インド

遠征をアウラングゼーブ帝に命じられた。ビカネール王は渡河地点アトックまで来ると船を破壊して任務を拒否した。皇帝にさからった王は、退位を迫られ、王子アヌップ・シングに位を譲って 1669 年になくなった。

ラージプート絵画

ムガル絵画とならんで代表的なインド美術にあげられるラージプート絵画。狩猟や戦争の様子、肖像画、花鳥画が描かれるムガル絵画に対して、ラージプート絵画ではクリシュナ神などのヒンドゥー神話が好んで描かれた。大きな目、横顔、

▲左 横から描かれるインドの伝統的な絵画。 ▲右 1488年、ビカネールを創建したラオ・ビーカの像、ジュナガール・フォート前に立つ

輪郭の太い線などを特徴とし、16世紀ごろからウダイプルやビカネールで盛んとなった（また音楽の旋律を分解してそれを絵画化するという試みがなされた）。ムガル皇帝と婚姻関係にあったビカネールでは、18世紀前半からムガル絵画の影響を受けるようになり、マハラジャの宮廷に多くの画家が招きいれられた。

INDIA
西インド

マハラジャが好んだ狩り

インドの民を守る戦士階級クシャトリヤの末裔を自認するラージプート諸族は、尚武の気質に富み、その武勇を競った。ビカネールのマハラジャは、好んで狩りに出かけ、近郊のガズニール（野生動物保護区）はその格好の舞台となっていた（虎狩り、イノシシ狩り、鷹狩りなどが行なわれた）。ビカネール王族には射撃でオリンピックに出場するほどの腕前の者もいたという。

Guide,
New Bikaner

新市街城市案内

INDIA
西インド

人々の生活が息づくバザール
マハラジャのコレクションがならぶ博物館
ヒンドゥー寺院やキャメル・ファームも位置する

फाड़ बाज़ार ; パド・バザール Phad Bazar ［★☆☆］

旧市街のコテ門近くから、踏切を越えて北東に伸びるパド・バザール。果物、食料、雑貨、衣料の露店がずらりとならび、足を運ぶ地元の人の姿がある。

रतन बिहारी मंदिर ; ラタン・ベハリ寺院 Ratan Behari Mandir［★☆☆］

ヴィシュヌ神の化身であるクリシュナ神に献じられたラタン・ベハリ寺院。1846 年に建てられ、イスラムとヒンドゥー双方の融合したムガル建築の影響が見える（ムガル帝国時代、北インドでは赤砂岩と白大理石製の大型建築が建てられた）。

▲左 クリシュナ神をまつるラタン・ベハリ寺院。　▲右　スナックを売る露店、パド・バザールにて

गंगा गोल्डन जुबली संग्रहालय ; ガンガ・ゴールデン・ジュビリー博物館 Ganga Golden Jubilee Museum ［★☆☆］

ビカネールはじめ、ラジャスタン地方で育まれた工芸品や芸術品を収蔵するガンガ・ゴールデン・ジュビリー博物館。インダス文明遺跡からの出土品、グプタ朝やクシャン朝時代の彫刻、テラコッタの陶器、ラージプート絵画、マハラジャの武器、木彫の机や棺などが展示されている。1937年、ラルガル・パレス近くに開館し、1954年、現在の地に遷された。ガンガ・ゴールデン・ジュビリー博物館という名前は、この博物館を建てたビカネールのマハラジャ・ガンガ・シングに由来する。

INDIA
西インド

▲左 マハラジャは芸術の庇護者だった。　▲右 現在ホテルとして開館しているラルガル・パレス

लालगढ़ महल; ラルガル・パレス Lalgarh Palace [★☆☆]

ビカネールのマハラジャ・ガンガ・シングによって1902年に建てられたラルガル・パレス。旧宮殿ジュナガール・フォートに対する新宮殿として、ビカネール郊外のこの地が選ばれた。赤砂岩を素材とする建物はインド・サラセン様式で、ラージプート、イスラム、ヨーロッパ建築があわさっている（美しい芝をもつムガル庭園を囲むように回廊が続く）。内部はマハラジャの肖像画や贅沢な調度品で彩られ、現在はホテルとして開館している。ラルガル・パレスという名前は、マハラジャ・ガンガ・シングの父ラル・シングにちなむ。

【MEMO】

【地図】ビカネール新市街

【地図】ビカネール新市街の [★★★]
- [ ] ジュナガール・フォート Junagarh Fort

【地図】ビカネール新市街の [★★☆]
- [ ] 旧市街 Old Bikaner

【地図】ビカネール新市街の [★☆☆]
- [ ] パド・バザール Phad Bazar
- [ ] ラタン・ベハリ寺院 Ratan Behari Mandir
- [ ] ガンガ・ゴールデン・ジュビリー博物館 Ganga Golden Jubilee Museum
- [ ] コテ門 Kote Gate

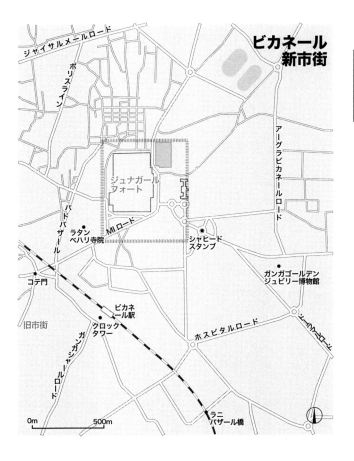

INDIA
西インド

शिव बाड़ी मंदिर；
シヴァ・バリ寺院 Shiv Bari Mandir [★☆☆]

赤砂岩の寺院本体に白大理石のドームを載せるシヴァ・バリ寺院。このヒンドゥー寺院は19世紀に建てられ、黒大理石製のシヴァ神、シヴァ・リンガ、シヴァ神の乗りもの聖牛ナンディなどが見られる（男性器リンガは、シヴァ神そのものと考えられている）。

▲左　膨大な荷物を運ぶ砂漠の船ラクダ。　▲右　王族の墓廟が残るデーヴィー・クンド

देवी कुंड ; デーヴィー・クンド
Royal Cenotaphs at Devi Kund Sagar [★★☆]

ビカネール王室の墓域、王族たちの火葬場がおかれているデーヴィー・クンド。ヒンドゥー教では火葬した遺灰を川に流すが、イスラム教の影響を受けたラジャスタンでは王族などに限って墓がつくられてきた。チャトリに白大理石のドームを載せた墓廟が連続し、古くは第5代ビカネール王ラオ・カルヤンマル（1539〜1571年）のもの、天井画の残るマハラジャ・スーラージ・シングのものが知られる。市街から東8km郊外に位置する。

INDIA
西インド

राष्ट्रीय ऊंट अनुसंधान केंद्र; キャメル・ファーム
National Research Centre on Camel [★☆☆]

タール砂漠を往来するラクダの飼育や研究がされているキャメル・ファーム(ラクダ飼育実験牧場)。ラクダの生態の研究、より運搬に適したラクダの品種改良といったとり組みのほか、ラクダ・ミルクによるアイスクリームもつくられている。市街の南東8kmに位置する。

Bikaner | 新市街城市案内

砂漠を闊歩するラクダ

100キロの荷物を背に、1日30km歩けること。数日、水を飲まなくても動けること。一度食べたものをまた口に戻す反芻による持続力と体力。砂にめりこまないひづめをもつこと。砂漠の環境に適したラクダは「砂漠の船」と呼ばれて、人の乗りもの、物資の運搬、農耕用などで重宝されてきた。ビカネールは、ジャイサルメール、プシュカルともにラクダ売買の盛んな街で、ラクダ祭りも行なわれる。

Guide,
Around Bikaner
郊外
城市案内

パキスタンへ続く広大なタール砂漠
インダス文明が育まれた場所でもあり
現在は長大な灌漑水路も走っている

थार रेगिस्तान；タール砂漠 Thar Desert ［★☆☆］

ラジャスタンのアルワリ山脈からインダス川まで続く南北640km、東西360kmのタール砂漠（大インド砂漠）。紀元前2000年ごろから乾燥化がはじまり、長い時代をかけてラジャスタンは砂漠化した（ほとんど雨が降らない）。タール砂漠に自生する灌木は深く根をはって水をとっているほか、ラクダは背中の脂肪を利用することで、数日、水を飲まなくても生きていけるという。ビカネールはこのタール砂漠のなかのオアシス都市として発展してきた。

INDIA
西インド

करणी माता मंदिर ;
カルニマタ寺院 Karni Mata Mandir [★☆☆]

ビカネール王族の守護神であるカルニマタ女神をまつるカルニマタ寺院。カルニマタは実際にこの地に生きた人物で、死後、ドゥルガー女神の化身と見られるようになった（ドゥルガー女神はシヴァ神の配偶神）。境内には女神の生まれ変わりと見られる無数のネズミが放し飼いにされ、「ネズミ寺」として名高い。20世紀に入って、ビカネールのマハラジャ・ガンガ・シングによって銀製門が寄進され、現在の姿となった。

【MEMO】

【地図】ビカネール郊外

【地図】ビカネール郊外の [★☆☆]
- [ ] タール砂漠 Thar Desert
- [ ] カルニマタ寺院 Karni Mata Mandir
- [ ] ガズニール・ワイルドライフ・サンクチュアリ Gajner Wildlife Sanctuary
- [ ] コラヤト寺院 Kolayat Mandir
- [ ] カーリーバンガン Kalibangan

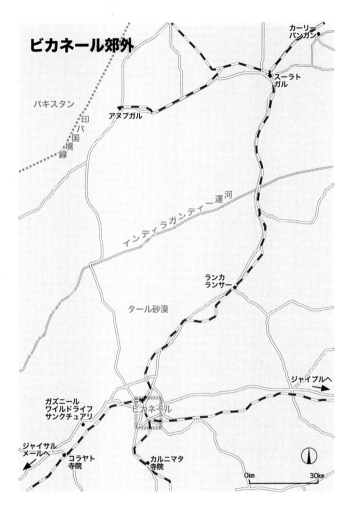

INDIA
西インド

गजनेर वन्यजीव अभयारण्य；
ガズニール・ワイルドライフ・サンクチュアリ
Gajner Wildlife Sanctuary [★☆☆]

野生動物の保護区となっている砂漠のなかのオアシス、ガズニール・ワイルドライフ・サンクチュアリ。イノシシ、レイヨウ、狐、うさぎのほか、野鳥も生息する。湖のほとりには「砂漠の宝石」にたとえられるガンジェル宮殿（ビカネール王族の冬の離宮）も残る。

▲左　蛇を使った砂漠の大道芸人に出合った。　▲右　聖なる牛が街を闊歩する

कोलायत मंदिर ; コラヤト寺院 Kolayat Mandir ［★☆☆］

コラヤトは『ヴェーダ』の時代（紀元前5世紀以前）にさかのぼる巡礼地で、カピラ仙人が沐浴した場所だと信じられる。ビカネールからジャイサルメールに続く街道上に位置し、黄色砂岩製のコラヤト寺院が立つ（カピラ仙人は、紀元前3世紀ごろ実在したとも、神話の仙人とも同一視される）。

INDIA
西インド

कालीबंगा；カーリーバンガン Kalibangan ［★☆☆］

ビカネールから北に 200㎞、ラジャスタン州最北端に位置するインダス文明（前 2500 〜前 1500 年ごろ）の都市遺跡カーリーバンガン。現在は涸河床となったガッガル・ハックラ川そばに開け、モヘンジョ・ダロやハラッパに準ずる規模をもっていた（モヘンジョ・ダロの 4 分の 1 の規模）。東西 120 m、南北 240m の城塞、東西 240m、南北 360m の市街地からなり、建物には同じ大きさの日干し煉瓦が使われていた。北を流れていたガッガル・ハックラ川が涸れたことから紀元前 1800 年ごろ破棄された。城塞の南側には火をあつかう祭祀場跡が

【MEMO】

【地図】カーリーバンガンの [★☆☆]
- [ ] カーリーバンガン Kalibangan

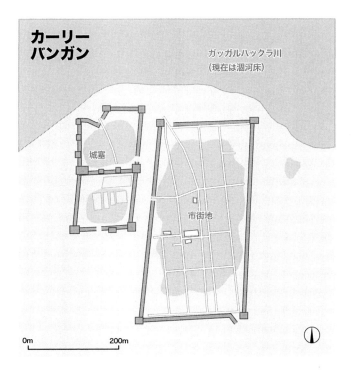

残っているほか、この遺構からはインダス文明成立以前の先ハラッパ文化の土器も出土している。

砂に
洗われた
遠い記憶

紀元前2000年前にはじまった乾燥化
河は干あがりインダス都市は破棄された
今ではこの大砂漠をラクダがゆく

インダス文明

メソポタミア文明、エジプト文明、黄河文明とならぶ四大文明のひとつインダス文明（前2500〜前1500年）。これらの文明はいずれも大河のほとりに開け、かつてビカネール北をガッガル・ハックラ川が流れ、その涸河床にそって100以上の小規模なインダス遺跡が残る。インダス文明遺跡は、東西1600km、南北1400kmという広大な地域に分布し、水の神聖視、リンガやモンスーンの神格化（シヴァ神）など現在のインドへつながる要素も多い（また400ほどあるインダス文字は、ドラヴィダ系の人々の言葉だったと推測される）。このイン

INDIA
西インド

ダス文明の滅亡要因のひとつに、ラジャスタンをふくむ地域一帯の砂漠化があげられる。

幻のサラスワティー川

紀元前1500〜前1000年ごろに成立した聖典『リグ・ヴェーダ』で描かれた水の流れるサラスワティー川は、紀元前後以降成立の『マハーバーラタ』や『マヌ法典』では水が流れなくなっているという。こうしたことから、現在、涸河床を残すガッガル・ハックラ川が、このサラスワティー川に比定されている。かつてのガッガル・ハックラ川はインドからパキ

▲左　ビカネールはラジャスタン北部の中核都市。　▲右　イスラムとヒンドゥーが融合した建物

スタンへと流れ、インド側をガッガル川、パキスタン側をハックラ川と呼ぶ。イギリス統治時代（20世紀初頭）、この幻の河川の調査を行なうため、探検家スタインはビカネール、ジャイサルメール、バハーワルプルといった街を訪れている。当時は、国境線がしかれていなかったため、自由に往来できたが、イスラム教徒の藩王の統治するバハーワルプルは1947年、パキスタンに編入された。

INDIA
西インド

巨大運河の建設

年間降水量300mmという過酷なタール砂漠の環境。ビカネール藩王国時代から、インダス水系のサトレジ川の水をひくという試みが行なわれてきた(イギリス人技師による運河がひかれると、パンジャーブから多くの農民がビカネールへ移住した)。1983年、パキスタン国境沿いに、ビカネールからジャイサルメール方面へ続く700kmの巨大運河が完成し、インディラ・ガンディー運河と名づけられた。インドからパキスタンへ流れる国際河川サトレジ川の水をひくことは、両国の対立要因となっている。

Bikaner

砂に洗われた遠い記憶

参考文献

『インド建築案内』(神谷武夫 /TOTO 出版)

『印度藩王国』(ウイリアム・バートン / 中川書房)

『ムガル帝国から英領インドへ』(佐藤正哲 / 中央公論社)

『ムガル期インドの国家と社会』(佐藤正哲 / 春秋社)

『考古学探検家スタイン伝』(J・ミルスキー / 六興出版)

『四大文明 インダス』(近藤英夫 / 日本放送出版協会)

『ビカネール・オフィシャル・ウェブサイト』http://bikaner.nic.in/

『世界大百科事典』(平凡社)

まちごとパブリッシングの旅行ガイド
Machigoto INDIA , Machigoto ASIA , Machigoto CHINA

【北インド - まちごとインド】

001 はじめての北インド
002 はじめてのデリー
003 オールド・デリー
004 ニュー・デリー
005 南デリー
012 アーグラ
013 ファテープル・シークリー
014 バラナシ
015 サールナート
022 カージュラホ
032 アムリトサル

【西インド - まちごとインド】

001 はじめてのラジャスタン
002 ジャイプル
003 ジョードプル
004 ジャイサルメール
005 ウダイプル
006 アジメール(プシュカル)
007 ビカネール
008 シェカワティ
011 はじめてのマハラシュトラ
012 ムンバイ
013 プネー
014 アウランガバード
015 エローラ
016 アジャンタ
021 はじめてのグジャラート
022 アーメダバード
023 ヴァドダラー(チャンパネール)
024 ブジ(カッチ地方)

【東インド - まちごとインド】

002 コルカタ
012 ブッダガヤ

【南インド - まちごとインド】

001 はじめてのタミルナードゥ
002 チェンナイ
003 カーンチプラム
004 マハーバリプラム
005 タンジャヴール
006 クンバコナムとカーヴェリー・デルタ
007 ティルチラパッリ
008 マドゥライ
009 ラーメシュワラム
010 カニャークマリ
021 はじめてのケーララ
022 ティルヴァナンタプラム
023 バックウォーター(コッラム〜アラップーザ)
024 コーチ(コーチン)
025 トリシュール

【ネパール - まちごとアジア】

001 はじめてのカトマンズ
002 カトマンズ
003 スワヤンブナート

004 パタン
005 バクタプル
006 ポカラ
007 ルンビニ
008 チトワン国立公園

【バングラデシュ - まちごとアジア】

001 はじめてのバングラデシュ
002 ダッカ
003 バゲルハット（クルナ）
004 シュンドルボン
005 プティア
006 モハスタン（ボグラ）
007 パハルプール

【パキスタン - まちごとアジア】

002 フンザ
003 ギルギット（KKH）
004 ラホール
005 ハラッパ
006 ムルタン

【イラン - まちごとアジア】

001 はじめてのイラン
002 テヘラン
003 イスファハン
004 シーラーズ
005 ペルセポリス
006 パサルガダエ（ナグシェ・ロスタム）
007 ヤズド
008 チョガ・ザンビル（アフヴァーズ）
009 タブリーズ
010 アルダビール

【北京 - まちごとチャイナ】

001 はじめての北京
002 故宮（天安門広場）
003 胡同と旧皇城
004 天壇と旧崇文区
005 瑠璃廠と旧宣武区
006 王府井と市街東部
007 北京動物園と市街西部
008 頤和園と西山
009 盧溝橋と周口店
010 万里の長城と明十三陵

【天津 - まちごとチャイナ】

001 はじめての天津
002 天津市街
003 浜海新区と市街南部
004 薊県と清東陵

【上海 - まちごとチャイナ】

001 はじめての上海
002 浦東新区
003 外灘と南京東路
004 淮海路と市街西部
005 虹口と市街北部
006 上海郊外（龍華・七宝・松江・嘉定）
007 水郷地帯（朱家角・周荘・同里・甪直）

【河北省 - まちごとチャイナ】

001 はじめての河北省
002 石家荘
003 秦皇島
004 承徳
005 張家口
006 保定
007 邯鄲

【江蘇省 - まちごとチャイナ】

001 はじめての江蘇省
002 はじめての蘇州
003 蘇州旧城
004 蘇州郊外と開発区
005 無錫
006 揚州
007 鎮江
008 はじめての南京
009 南京旧城
010 南京紫金山と下関
011 雨花台と南京郊外・開発区
012 徐州

【浙江省 - まちごとチャイナ】

001 はじめての浙江省
002 はじめての杭州
003 西湖と山林杭州
004 杭州旧城と開発区
005 紹興
006 はじめての寧波
007 寧波旧城
008 寧波郊外と開発区
009 普陀山
010 天台山
011 温州

【福建省 - まちごとチャイナ】

001 はじめての福建省
002 はじめての福州
003 福州旧城
004 福州郊外と開発区
005 武夷山
006 泉州
007 厦門
008 客家土楼

【広東省 - まちごとチャイナ】

001 はじめての広東省
002 はじめての広州
003 広州古城
004 天河と広州郊外
005 深圳(深セン)
006 東莞
007 開平(江門)
008 韶関
009 はじめての潮汕
010 潮州
011 汕頭

【遼寧省 - まちごとチャイナ】

001 はじめての遼寧省
002 はじめての大連
003 大連市街
004 旅順
005 金州新区

006 はじめての瀋陽
007 瀋陽故宮と旧市街
008 瀋陽駅と市街地
009 北陵と瀋陽郊外
010 撫順

【重慶 - まちごとチャイナ】

001 はじめての重慶
002 重慶市街
003 三峡下り（重慶〜宜昌）
004 大足

【香港 - まちごとチャイナ】

001 はじめての香港
002 中環と香港島北岸
003 上環と香港島南岸
004 尖沙咀と九龍市街
005 九龍城と九龍郊外
006 新界
007 ランタオ島と島嶼部

【マカオ - まちごとチャイナ】

001 はじめてのマカオ
002 セナド広場とマカオ中心部
003 媽閣廟とマカオ半島南部
004 東望洋山とマカオ半島北部
005 新口岸とタイパ・コロアン

【Juo-Mujin（電子書籍のみ）】

Juo-Mujin 香港縦横無尽
Juo-Mujin 北京縦横無尽
Juo-Mujin 上海縦横無尽

【自力旅游中国 Tabisuru CHINA】

001 バスに揺られて「自力で長城」
002 バスに揺られて「自力で石家荘」
003 バスに揺られて「自力で承徳」
004 船に揺られて「自力で普陀山」
005 バスに揺られて「自力で天台山」
006 バスに揺られて「自力で秦皇島」
007 バスに揺られて「自力で張家口」
008 バスに揺られて「自力で邯鄲」
009 バスに揺られて「自力で保定」
010 バスに揺られて「自力で清東陵」
011 バスに揺られて「自力で潮州」
012 バスに揺られて「自力で汕頭」
013 バスに揺られて「自力で温州」

【車輪はつばさ】
南インドのアイラヴァテシュワラ寺院には建築本体に車輪がついていて寺院に乗った神さまが人びとの想いを運ぶと言います。

- 本書はオンデマンド印刷で作成されています。
- 本書の内容に関するご意見、お問い合わせは、発行元の
  まちごとパブリッシング info@machigotopub.com までお願いします。

まちごとインド
西インド007ビカネール
~薔薇色に輝く「オアシス都市」[モノクロノートブック版]

2017年11月14日　発行

著　者	「アジア城市（まち）案内」制作委員会
発行者	赤松　耕次
発行所	まちごとパブリッシング株式会社 〒181-0013　東京都三鷹市下連雀4-4-36 URL http://www.machigotopub.com/
発売元	株式会社デジタルパブリッシングサービス 〒162-0812　東京都新宿区西五軒町11-13 清水ビル3F
印刷・製本	株式会社デジタルパブリッシングサービス URL http://www.d-pub.co.jp/

MP020

ISBN978-4-86143-154-8 C0326　　　Printed in Japan
本書の無断複製複写（コピー）は、著作権法上での例外を除き、禁じられています。